Bibliografische Information der Deutschen Nationalbibliothek:

Die Deutsche Bibliothek verzeichnet diese Publikation in der Deutschen National-
bibliografie; detaillierte bibliografische Daten sind im Internet über http://dnb.d-
nb.de/ abrufbar.

Impressum:

Copyright © 2009 GRIN Verlag
Druck und Bindung: Books on Demand GmbH, Norderstedt Germany
ISBN: 9783346095886

Dieses Buch bei GRIN:

https://www.grin.com/document/512718

Christian Schwambach

Die soziologische Betrachtung des Schüler-VZ

GRIN Verlag

Seminarfacharbeit zum Thema

Die soziologische Betrachtung des Schüler-VZ

Schule: Otto – Schott – Gymnasium
vorgelegt am: 09.10.2009
vorgelegt von: Christian Schwambach 12/1

Inhalt

1 Soziologische Betrachtung des Schülerverzeichnisses

Das Schülerverzeichnis ist ein Phänomen, welches in den letzten zwei Jahren stark an Bedeutung gewonnen hat. Mit mehr „als fünf Millionen Mitgliedern"[1] stellt das Schülerverzeichnis nicht bloß eine Randerscheinung dar, sondern entwickelte sich zur meistbesuchten deutschsprachigen Seite. Laut einer Studie des Internationalen Währungsfonds „wurde das Schülerverzeichnis 5,1 Milliarden mal im Januar 2009 aufgerufen. "[2]

Aus diesem Grund besteht die Notwendigkeit das Schülerverzeichnis aus soziologischer Sicht zu beleuchten. „Die Soziologie, vom lateinischen Wort socius, welches auf deutsch Geselle bedeutet und vom griechischen Wort logos abgeleitet, was Vernunft heißt, ist eine Wissenschaft, welche sich mit dem Ursprung, der Entwicklung und der Struktur der menschlichen Gesellschaft befasst. Sie deutet und erklärt soziales Handeln. "[3] Das heißt sie analysiert jegliche Verhaltensmuster einer Person und die der jeweiligen Gesellschaft. Die Menschheit wird durch die Beziehungen und Verhältnisse zwischen den Individuen geprägt. Folglich kann festgestellt werden, dass sich diese Wissenschaft mit dem zwischenmenschlichen Verhalten, in einer Gesellschaft, auseinandersetzt. Die Soziologie basiert auf langen empirischen Studien, welche auf vielen durchgeführten Testreihen beruhen.

„Jeder Mensch unterliegt in seinem Leben der Sozialisation. Diese kommt einer Erziehung sehr nahe, doch übersteigt diese um ein vielfaches in ihrer Intension. Das bedeutet, es erfolgt eine stufenweise Eingliederung in die Gesellschaft. Der Prozess der Sozialisation wird in drei Phasen eingeteilt."

Die erste Phase ist die Soziabilisierung. Diese dauert bis zum vierten Lebensjahr an. Hierbei bildet das Kind ein Urvertrauen zu einer Dauerbezugsperson aus. Mit steigendem Lebensalter steigt auch zunehmend das Weltverständnis. Es nimmt die Welt mehr und mehr aktiv wahr und bildet sein eigenes „Ich" aus."[4] „Dieser Vorgang setzt sich konsequent, vor allem bis zum 18. Lebensjahr, also während der Pubertät, aber auch darüber hinaus, fort und stellt die zweite Phase der Sozialisation dar. Die Wissenschaft bezeichnet sie als Individuationsphase, welche durch die eigene Persönlichkeitsbildung gekennzeichnet ist. Des weiteren kann bei dem heranwachsenden Jugendlichen eine zunehmende Abnabelung, bis hin zur gänzlichen Autarkie, beobachtet werden. Die letzte Phase der Sozialisierung stellt die Enkulturation dar.

---

[1] http://www.schuelervz.net/l/schueler/3/ (19.09.2009)
[2] ebenda
[3] Hillmann, Karl – Heinz : Wörterbuch der Soziologie, Alfred Kröner Verlag, Stuttgart, 2007, S.837
[4] Hillmann, Karl – Heinz : Wörterbuch der Soziologie, Alfred Kröner Verlag, Stuttgart, 2007, S. 818 - 819

1

Diese dauert bis zum Lebensende an. Charakteristisch ist hierbei die Anpassung des Menschen an Sitten, Normen, Werte und Gesetze. Jedoch können die Alterangaben differieren, da jede Sozialisation individuell erfolgt. Abschließend lässt sich feststellen, dass mit zunehmenden Alter die persönliche, als auch die soziale Identität zunimmt."[5]

Das Schülerverzeichnis will Jugendliche im Alter von 12 bis 21 Jahren als Zielgruppe ansprechen. „schülerVZ ist ein Soziales Netzwerk für Schüler von 12 bis 21 Jahren."[6] Es wirkt sich vor allem auf die Individuation, also die Bildung des „persönlichen Ichs" aus. Auf den nachfolgenden Seiten werde ich diese Beeinflussung im Schülerverzeichnis detaillierter beleuchten.

2. Soziale Netzwerke als Sozialisationsinstanz

Das Schülerverzeichnis stellt ein soziales Netzwerk dar. „Mehrere soziale Akteure stehen dabei untereinander in Kontakt und bilden auf diese Weise ein Beziehungsgeflecht."[7] Die Informatik versteht darunter auch Webgemeinschaften.

Das Schülerverzeichnis zeichnet sich vor allem dadurch aus, dass es Jugendlichen mittels eigener Profile und Newsblocks eine Präsentationsplattform bietet. Ebenfalls zu erwähnen ist, dass hier jedem Mitglied die Option gegeben wird, Fotos Hochzuladen, um somit die eigene Darstellung im Netz zu komplettieren. Auch die Kommunikation untereinander wird geboten. Die Art und Weise ist dabei sehr verschieden. Einerseits können Nachrichten, mittels des Nachrichtendienstes, verschickt werden, die eine Ähnlichkeit mit E-Mail aufweisen. Andererseits ist auch eine Kommunikation in Foren möglich. Vorraussetzung dafür ist die Mitgliedschaft in einer Gruppe. „Im Oktober kam als dritte Funktion der Plauderkasten hinzu. Hierbei handelt es sich um einen Instant Messaginger."[8] Dieser bietet die Möglichkeit wahlweise mit Personen, die gerade online sind, zu chatten. Der Unterschied zum Nachrichtendienst besteht darin, dass hier ein sofortiges „Gespräch" stattfindet, welches auf gleichzeitigem Schreiben und Antworten basiert. Es lässt sich somit feststellen, dass soziale Netzwerke, wie das Schülerverzeichnis, eine virtuelle Parallelgesellschaft zur Realität darstellen.

Das Schülerverzeichnis genießt in jugendlichen Kreisen einen hohen Stellenwert und konnte in den letzten beiden Jahren enorm seine Popularität steigern. Prinzipiell ist diese

---

[5] Eickelpasch, Rolf: Grundwissen Soziologie, Ernst Klett – Verlag, Stuttgart, 1999, S. 31 -32
[6] http://www.schuelervz.net/l/parents/1/ (19.09.2009)
[7] http://www.sign-lang.uni-hamburg.de/projekte/slex/seitendvd/konzepte/l53/l5385.htm (19.09.2009)
[8] http://static.pe.studivz.net/media/de/pm/081208.pdf (19.09.2009)

„Parallelgesellschaft"[9] nicht nur ein soziales Netzwerk, sondern gleichzeitig auch eine Sozialisationsinstanz, denn das Schülerverzeichnis beeinflusst das tägliche Leben und somit auch den sozialen Individuationsprozess seiner Mitglieder. Diese Tatsache konnte ich vor allem mittels meiner Umfrageergebnisse nachweisen. An dieser Umfrage beteiligten sich 300 Jugendliche. 87 Prozent aller Befragten waren Mitglieder des Schülerverzeichnisses. (siehe Abbildung 4)

Noch viel interessanter ist dabei aber auch das Motiv des Beitritts. (siehe Abbildung 5) Dieses bestand immerhin bei 79 Prozent in der Kommunikation zu Gleichaltrigen. Somit lässt sich also festhalten, dass die virtuelle Welt von Jugendlichen vor allem zur Verständigung genutzt wird.

Des weiteren wollten 31 Prozent neue Freunde finden. Hieraus leitet sich die zweite wichtige Eigenschaft der „Sozialisationsinstanz Schülerverzeichnis" ab. Dieses soziale Netzwerk dient nicht nur zur zwischenmenschlichen Kommunikation, sondern auch zum Knüpfen neuer Kontakte. „Der Gruppenzwang zum Mitmachen ist bei SchülerVZ hoch. „Marcus hat keine Freunde an der eigenen Schule", wird der Neuling fast herablassend von SchülerVZ kurz nach der Anmeldung beurteilt. Es liegt daher nahe, sich schnell einen Stamm von „Freunden" in diesem virtuellen Jugendzentrum zuzulegen – je mehr Freunde, desto „normaler" wird man."[10] Allerdings besteht die Gefahr, dass man zu viele „Freunde" hat und die Übersicht in der Freundesliste verliert.

Die Funktion der Kontaktknüpfung kann sogar noch weitergeführt werden, denn immerhin sind zirka die Hälfte aller von mir befragten Schülerverzeichnisnutzer solo. „In einigen Gruppenforen wird eifrig diskutiert. Einige Schüler haben sogar Gruppen zur Partnerschaftssuche gegründet."[11] Die „Ursache ist vor allem in der geringen Hemmschwelle zu suchen, da man im Schülerverzeichnis zwar mit Personen kommuniziert, ihnen aber nicht von Angesicht zu Angesicht gegenüber steht"[12]. Anhand meiner Befragung komme ich zu dem Resümee, dass das Schülerverzeichnis nicht nur zur bloßen Kontaktaufnahme dient, sondern auch für die Partnersuche genutzt wird. Dies kann offen im persönlichen Profil angezeigt werden. Dafür wurde eine Rubrik „Auf der Suche nach" eingerichtet. Das Ankreuzen bietet die Möglichkeit, zwischen folgenden Kategorien auszuwählen: „Dating, Freunden, Partys, Was sich eben ergibt, Abwechselung, netten Leuten". Auf diese Weise kann jedes Mitglied sehr schnell die Intension des anderen erfahren.

---

[9] http://www.badische-zeitung.de/emmendingen/virtuelle-freundschaft-mit-grenzen--13556582.html (19.09.2009)
[10] http://www.op-marburg.de/newsroom/medien/art663,593518 (19.09.2009)
[11] http://www.suedkurier.de/ratgeber/computer/Click;art4250,3436705 (19.09.2009)
[12] http://wissen.spiegel.de/wissen/dokument/dokument.html?id=56898834&top=SPIEGEL (19.09.2009)

Die dritte wesentliche Eigenschaft lässt sich aus den verbleibenden Angaben schließen, denn 31 Prozent der Befragten bescheinigten dem Schülerverzeichnis tolle Funktionen. 28 Prozent waren der Ansicht, dass das Schülerverzeichnis ein wesentlicher Bestandteil der Jugendkultur sei. Weitere 16 Prozent assoziierten mit dem Schülerverzeichnis Modernität. Diese Eigenschaft des Schülerverzeichnisses lässt sich auch an der Funktion des Gruschelns zeigen. „"Gruscheln" ist zusammengesetzt aus "Grüßen" und "Kuscheln". Wer bei SchülerVZ gegruschelt wird, der wird gekuschelt und gegrüßt in einem. Im Internet geht das."[13]

Aus dieser Befragung lassen sich drei wesentliche Schlüsse ziehen, die dem Schülerverzeichnis zu Gute kommen. Erstens, die vielseitige Kommunikation zu Gleichaltrigen. Zweitens, das Knüpfen neuer Kontakte, bis hin zur Partnerschaft und drittens, die Modernität sowie die Beliebtheit dieses sozialen Netzwerkes.

Abschließend möchte ich noch anmerken, dass bei dieser Befragung eine Mehrfachnennung möglich war, sodass der Prozentsatz aller Angaben auch größer als 100 Prozent sein konnte.

2.1. Auswirkung des Schülerverzeichnisses auf die Entwicklung von Jugendlichen

Wie bereits erwähnt, wurde das Schülerverzeichnis vor allem für Jugendliche entwickelt. Hierbei konnte ich bei der altersspezifischen Verteilung feststellen, dass das Schülerverzeichnis vor allem für 12- bis 18-jährige interessant ist. (siehe Abbildung 6) Besonders auffällig ist die wachsende Mitgliedszahl, im zunehmenden Alter. So haben nur sechs Prozent der Befragten zwölften Lebensjahr vollendet. Jeweils vierzehn Prozent sind dreizehn beziehungsweise vierzehn Jahre alt. Die 15- und 16-jährigen sind jeweils mit fünfzehn Prozent im Schülerverzeichnis vertreten. Die meisten meiner Probanden waren siebzehn Jahre alt und machten immerhin achtzehn Prozent aus. Mit weiter ansteigendem Alter ging die Mitgliederzahl wieder herunter. So waren elf Prozent von 18-jährigen und nur noch sieben Prozent der Älteren vertreten. Da ein Jugendlicher in diesem Alter keineswegs voll erwachsen ist, sondern noch die Pubertät durchlebt, wirkt sich das Schülerverzeichnis auf die Entwicklung von Heranwachsenden aus. Hierbei sind vor allem die äußerlichen Einflüsse prägend. Somit leistet auch das Schülerverzeichnis einen Anteil an der Entwicklung vom Kind zum Erwachsenen. Die von mir vermutete schulische Verschlechterung, aufgrund der dauerhaften Nutzung dieses sozialen Netzwerkes bestätigte sich nicht. Eine deutliche Mehrheit von 89 Prozent gaben an, dass ihre schulischen Leistungen konstant geblieben sind.

---

[13] http://www.suedkurier.de/ratgeber/computer/Click;art4250,3436705 (19.09.2009)

Verbesserungen und Verschlechterungen der Noten waren zahlenmäßig identisch. Allerdings muss auch gesagt werden, dass bei diesen Angaben die Objektivität etwas strittig ist, denn einige Schüler hatten sich schulisch verschlechtert und führten dies aber nicht auf ihren Beitritt im Schülerverzeichnis zurück.

Erstaunlich war auch die Erkenntnis, dass das Schülerverzeichnis nicht so intensiv, wie vorher erwartet, genutzt wird. (siehe Abbildung 7) 56 Prozent aller Befragten verbringen täglich weniger als eine Stunde im Schülerverzeichnis. 22 Prozent surfen jeden Tag zwei Stunden in dieser virtuellen Welt. Elf Prozent nutzen dieses soziale Netzwerk drei Stunden pro Tag und die restlichen elf Prozent verbringen mehr als drei Stunden im Schülerverzeichnis. Somit lässt sich analysieren, dass das Schülerverzeichnis nicht dauerhaft flächendeckend genutzt wird. Das Ablenkungspotenzial ist somit relativ niedrig und eine schulische Verschlechterung tritt nicht zwangsläufig auf. Jedoch können die negativen Aspekte nicht gänzlich negiert werden, denn fünf Prozent aller Befragten verbringen täglich vier Stunden in diesem Portal. Ein Prozent nutzen fünf Stunden und vier Prozent mehr als fünf Stunden dieses soziale Netzwerk. Bei den letztgenannten zehn Prozent lässt sich eine Chatsucht vermuten. Die Medizin versteht darunter eine übermäßige Internetnutzung. Diese Krankheit lässt sich allerdings nur sehr schwierig diagnostizieren, da nicht genau definiert werden kann, ab welchem Zeitintervall diese übermäßige Internetnutzung zu einer Sucht führt. „"Die Wissenschaft definiert einen Onlinesüchtigen als jemanden, der 35 Stunden pro Woche oder mehr im Internet verbringt".“[14] „Chatsucht wirkt sich zumeist entscheidend auf das Sozialverhalten aus, da die virtuelle Welt zunehmend die Realität ersetzt. Der Betroffene gewöhnt sich zunehmend an diesen virtuelle Lebensbereich und entwickelt einen Drang dazu, immer öfter daran teil zu haben. Danach erfolgt eine weitere Steigerung, indem der Süchtige seine Aktivitäten zwanghaft verteidigt und herunterspielt. In diesem Fall kommt es mehr zu einer Distanzierung von der Außenwelt und endet letztendlich meistens in einer völligen Isolation. Dies hat zur Folge, dass die virtuelle Welt vollkommen die Realität ersetzt und der Betroffene sein Leben nur noch nach der virtuelle Parallelwelt ausrichtet. Dabei kristallisieren sich zwei Symptome heraus. Es lässt sich eine verminderte Leistungsfähigkeit diagnostizieren und er verliert durch virtuelle Freundschaften seine realen sozialen Kontakte.“[15] Eine schulische Verschlechterung konnte ich, wie bereits erläutert, nicht direkt nachvollziehen, denn lediglich sechs Prozent der Befragten gaben an, sich schulisch verschlechtert zu haben. Durch diese Sucht verändern sich gegebenenfalls die Beziehungen der Probanden zu ihren Bekannten. (siehe Abbildung 8) 65 Prozent aller Befragten gaben an, dass das Verhältnis zu ihren Freunden, trotz des Beitritts

---

[14] http://pressetext.de/news/080322001/onlinesucht-schon-ab-35-stunden-im-web-pro-woche/ (12.09.2009)
[15] http://de.wikipedia.org/wiki/Internetabh%C3%A4ngigkeit (12.09.2009)

ins Schülerverzeichnis, gleich geblieben ist. Die übrigen 35 Prozent gestanden Veränderungen ein. 29 Prozent waren der Ansicht, dass sie nun neue Freunde im Chat gefunden hätten. Vier Prozent hatten weniger Zeit für ihre Freunde, aufgrund des Beitritts in dieses soziale Netzwerk. Zwei Prozent zogen das Schülerverzeichnis ihren realen Freunden vor. Eine Beeinflussung der Jugendlichen konnte durch unsere Umfrage somit bestätigt werden.

Es lässt sich summa summarum festhalten, dass 35 Prozent der Befragten in diesem Fall durch das Schülerverzeichnis beeinflusst werden und dadurch weniger Zeit mit ihren Freunde verbringen, wenngleich die Ausmaße differieren. Des weiteren lassen die erhaltenen Ergebnisse den Schluss zu, dass das Schülerverzeichnis bei zirka zehn Prozent zur Chatsucht führt. Die anderen Befragten hatten nur geringe oder gar keine Probleme mit den Auswirkungen des Schülerverzeichnisses. Allerdings ist hierbei die Objektivität fraglich, da eine Selbstreflexion mit diesem Thema zumeist nicht stattfindet.

2.2 Die Beeinflussung der Sprache durch das Schülerverzeichnis

„Ein weiteres typisches Merkmal eines sozialen Netzwerkes ist die Chatsprache, denn im gleichen Maße wie sich das Internet entwickelte, so entwickelte sich auch ein eigener Netzjargon. Dieser lässt sich vor allem dadurch charakterisieren, dass er kurz und prägnant ist. Emotionen werden beispielsweise durch Smileys oder einzelne Begriffe dargestellt. Lautes Lachen wird beispielsweise im Chat mit „LOL" ausgedrückt, welches sich aus dem Englischen „Laughing Out Loud" abgeleitet hat. Des weiteren werden auch Zahlen verwendet, um Wortsilben auszutauschen. So lässt sich auch „Gute Nacht" mittels „gn8" ausdrücken. Die dritte Besonderheit der Chatsprache besteht darin, dass Zahlen und Sonderzeichen Buchstaben direkt ersetzen können. So wird häufig eine drei anstatt des „E" verwendet, da die Form einem gespiegelten „E" ähnelt. Des weiteren zeichnet sich das Schriftbild dadurch aus, dass für den Inhalt nicht relevante Schriftzeichen benutzt werden. Öfters entfallen daher Vokale. Auch die Verwendung von Sonderzeichen ist charakteristisch."[16] Der Groß- und Kleinschreibung wird ebenfalls wenig Bedeutung beigemessen, denn nur so ist eine schnellere Kommunikation möglich. Selbstverständlich birgt dies eine große Gefahr, da die Schwierigkeit besteht den Gebrauch des Chatjargons lediglich auf das Schülerverzeichnis zu beschränken.

Natürlich ist die Chatsprache ein wesentlicher Teil des Internets, über den sich viele Jugendliche definieren. Aber auch die negativen Impulse auf die Muttersprache können nicht

---

[16] http://www.chatten-ohne-risiko.net/index.php?id=212 (12.09.2009)

negiert werden. Zwei meiner Studien belegen dies. Einerseits habe ich mit meinem Teamkollegen die Profile der Schüler der Klasse 7 b unter die Lupe genommen und deren Rechtschreibung analysiert. Die Profile der 12- und 13-jährigen wiesen durchschnittlich 19 Rechtschreibfehler auf. In Hinblick, dass auch Erwachsene, wie Lehrer, Professoren oder sonstige Arbeitgeber Zugriff auf das Schülerverzeichnis haben, ist dies keine besonders gute Werbung für das eigene Image. „SchülerVZ allein registriert jeden Monat ca. 150 Millionen Kontakte. Kaum ein Jugendlicher macht sich darüber Gedanken, dass jeder Kontakt im Internet eine Spur hinterlässt, alles ist nachvollziehbar. Jeder ist anhand dieser Spuren zu identifizieren. Sollte man da nicht vorsichtiger sein, zumal bei jedem Jugendlichen früher oder später die Bewerbungen um einen Ausbildungsplätze anstehen, fragte Wilke. Auch Firmen kennen sich mit Personensuchmaschinen aus, betonte der Polizist."[17] Andererseits führte ich dieses Experiment nochmals selbst durch. Mehr als 1900 Nachrichten erhielt ich bisher im Schülerverzeichnis. Jede Nachricht wurde von mir auf Rechtschreibfehler überprüft. Auf 798137 Worte entfielen 68765 Fehler. Durchschnittlich tritt nach jedem elften Wort ein Fehler auf. In einem Deutschaufsatz hätte dies katastrophale Folgen. Insofern muss man hier ganz klar eine negative Bilanz ziehen, denn im Schülerverzeichnis wird die Sprache und die Grammatik, wie dieses Beispiel zeigt, vernachlässigt.

2.3. Einfluss auf die politische Willensbildung

Das Schülerverzeichnis beeinflusst nahezu jeden Bereich seiner Mitglieder. Die enorme Popularität dieses sozialen Netzwerkes ist auch Parteien und politischen Interessensverbänden nicht entgangen. Vor allem mit der Gründung von Gruppen bietet das Schülerverzeichnis ein gutes Portal um sich selbst vorzustellen. Aus diesem Grund ist es nicht verwunderlich, dass es von allen Volkspartein unterschiedliche Gruppen im Schülerverzeichnis gibt. Hierbei muss gesagt werden, dass die Gruppenzahl enorm hoch ist, sodass keine Statistik über die Anzahl der politischen Gruppen im Schülerverzeichnis möglich ist. Allein von der CDU gibt es mehr als 300 Gruppen in diesem sozialen Netzwerk. Dies ist ein positiver Aspekt, da jeder die Möglichkeit hat, sich auf eigene Art und Weise vielfältig politisch zu bilden.

Die enorme Bandbreite an Gruppen ist aber auch nachteilig, denn es gestaltet sich sehr schwierig alle Gruppen zu erfassen. Diese Tatsache machen sich vor allem rechte Organisationen zu Nutze, um neue Mitglieder anzuwerben. Solche Anwerbungen sind vor allem durch starke Wirksamkeit gekennzeichnet und laut einer Studie vom Nachrichten

---

[17] http://www.muensterschezeitung.de/lokales/rhlo/Rheine;art994,426137 (12.09.2009)

Magazin Fokus „hätten sich die Seitenaufrufe von den jeweils angepriesenen rechten Seiten versechsfacht."[18] Die Effizienz der Rechtsextremen ist enorm hoch und die Konzepte sind ausgefeilt, denn mittlerweile „stellen jene Gruppierungen beispielsweise sogar Nachhilfelehrer im Netz oder Begleitung zur Berufsberatung zur Verfügung."[19]

Aus diesem Grund ist vor allem eine rechte politische Richtung im Schülerverzeichnis nicht unüblich. Dies lässt sich auch mit einer meiner Fragen belegen. Da im Schülerverzeichnis auch die politische Richtung angeben werden kann, habe ich mich in meiner Befragung nach dieser erkundigt. (siehe Abbildung 9) Dabei gaben sechs Prozent an, dass sie sich als politisch rechts ansehen. Immerhin waren dies elf von 200 Befragten. Aus aktueller politischer Sicht sind solche Ergebnisse sehr bedenklich. In der Realpolitik spielen extreme Partein selten eine Rolle und erreichen normalerweise keinen hohen Stimmenanteil. Da die meisten Jugendlichen im Schülerverzeichnis allerdings noch nicht wahlberechtigt sind, könnte dies ein Fingerzeig auf die mögliche politische Ausrichtung der Bundesrepublik Deutschland in den nachfolgenden Jahren sein. Entschuldigend muss aber gesagt werden, dass die Jugendlichen sich in der Individuation befinden und daher vielen äußeren Einflüssen unterliegen. Dennoch bleibt festzuhalten, dass sich sechs Prozent der Befragten im Interessensfeld solcher radikalen Gruppierungen befinden.

Das Schülerverzeichnis besitzt allerdings wenig Möglichkeiten so etwas zu verhindern, denn die Datenflut ist enorm. „Von den 3000 täglichen Meldungen ist nur die Hälfte ernst zu nehmen. Zwischen 60 und 100 Meldungen pro Tag drehen sich um Mobbing."[20] Dem gegenüber steht eine geringe Zahl von zwölf Moderatoren und zwei Praktikanten. Es ist demzufolge völlig unmöglich alle rechtsextremen Inhalte zu löschen. Nach eigenen Angaben nimmt man eine stichprobenartige Überprüfung vor und entfernt gegebenenfalls ungeeignete Inhalte.

Die Effektivität ist dabei sehr fraglich. Zwar konnte ich seit Beginn meiner Arbeit Verbesserungen feststellen. Veränderungen wurden aber nur in kleinen Schritten vorgenommen. Positiv zu erwähnen ist, dass manche Suchbegriffe gesperrt wurden. Unter dem Suchbegriff „NPD" lassen sich keine Ergebnisse mehr finden. Dieser Schritt zeugt von wesentlichem Präventivengagement. Allerdings muss noch tiefgründiger und flächendeckender gearbeitet werden.

---

[18] http://www.focus.de/digital/internet/rechtsextremismus-neonazis-nutzen-youtube-und-schuelervz_aid_306994.html (19.09.2009)
[19] ebenda
[20] http://www.ksta.de/html/artikel/1195816863549.shtml (19.09.2009)

Das hier noch Nachholbedarf besteht, verdeutlicht vor allem die Gruppe „Nazi Spiel suchende". Hierbei sucht jemand ein Nazi-Spiel mit folgender Beschreibung: „Ich will erstmal klar stellen, dass ich keine nationalsozistische Grundtendenzen habe, aber mich würde doch sehr solche Nazi Spiele interresieren, so z.b will ich mal das Spiel "KZ MANAGER" spielen, do dafür brauche ich eine Seite, wo man das downloaden kann."[21] Diese Gruppe war mir vor vierzehn Monaten aufgefallen, als ich ein Video für die Themenverteidigung vorbereitete. Zwar besitzt die Gruppe keine Mitglieder und auch der Gründer wurde gelöscht, aber dennoch existiert sie weiterhin. Hier stellt sich für mich die Frage, wieso beim Löschen des Gründers, nicht auch umgehend diese Gruppe verschwand. Dieser Fall verlief bisher glimpflich für das Schülerverzeichnis, doch andere Beispiele verdeutlichen, dass der Kampf gegen rechtes Gedankengut auch im Interesse des Schülerverzeichnisses sein sollte. Ein besonders brisantes Beispiel wurde durch „den Stern" enthüllt. „Der Vater eines 13-jährigen Mädchens hat gegen die Betreiber des Online-Netzwerkes SchülerVZ und den Verlag Holtzbrinck Strafanzeige wegen der Verbreitung pornographischen Materials und wegen Volksverhetzung erstattet. Das bestätigte die Kriminalpolizei in Schwetzingen, bei der die Anzeige einging,..., Anlass für die Anzeige sind von Nutzern des Angebots eingestellte pornographische Fotos und Gruppen mit rechtsradikalen Bezeichnungen wie etwa "Hitler war schon ok, aber das mit den Autobahnen war echt daneben"."[22]

Zusammenfassend lässt sich feststellen, dass das Schülerverzeichnis zur politischen Meinungsbildung dienen kann, wenngleich es von einigen Extremen genutzt wird, um so rechtes Material zu verbreiten. Der Schülerverzeichnis – Support ist bemüht, dagegen vorzugehen, aber die Effizienz ist noch ausbaufähig.

3. Veränderungen im Schülerverzeichnis – Ein Wertewandel

Der Mensch verändert und entwickelt sich stetig. Er erfindet viele neue Dinge und schreitet auf diese Weise immer weiter technisch voran. Diese wird in der Soziologie als Wertewandel bezeichnet. „Der Wertewandel ist eine kontinuierliche oder plötzliche Veränderung der moralischen Überzeugung in einer Gesellschaft. Er kann sich aus verschiedenen Gründen vollziehen. Bisher akzeptierte Werte können ihre soziale Akzeptanz verlieren. Neue Praxisfelder können entstehen oder bereits vorhanden eine neue Bewertung erfahren. „..., In diesem Sinne haben sich im 20. Jahrhundert Wandlungen vollzogen, die die traditionellen Werte der Pflicht, der Unterordnung und Ordnungsliebe durch Wertvorstellungen wie

---

[21] http://www.schuelervz.net/Groups/Overview/488108516f665a63 (19.09.2009)
[22] http://www.stern.de/panorama/:Online-Netzwerk-Vater-Sch%FClerVZ/595062.html (19.09.2009)

Selbstverwirklichung, Autonomie und Mündigkeit nahezu abgelöst haben. Ein konkreter Wertewandel lässt sich ermitteln und bewerten, in dem man die Ergebnisse einer standardisierten Umfrage über einen gewissen Zeitraum wiederholt und seine Ergebnisse in Relation bringt."[23] Um das genauer zu ergründen, zielten auch einige meiner Fragen, auf mögliche Veränderungen im Schülerverzeichnis ab. (siehe Abbildung 10) Hierbei sagten lediglich sechs Prozent der Schüler, dass es im Schülerverzeichnis zu keiner Veränderung gekommen sei. 67 Prozent aller Befragten gaben an, dass neue Funktionen, wie zum Beispiel des Buschfunks, hinzu kamen. Dies verdeutlich nochmals die Geschwindigkeit des Wertewandels. „Während die Gesellschaft vor 100 Jahren eine Industriegesellschaft war, die sich vor allem durch lange Arbeitszeiten auszeichnete, wandelte sich diese zunehmend zu einer Informations- und Freizeitgesellschaft um. Grundsätzlich sind die Ausbildungs- und Rentenzeiten gestiegen, während sich die Arbeitszeit verringerte. Diese Freizeitgesellschaft ist gleichzeitig aber auch eine Informationsgesellschaft. Jeder Mensch wird täglich mit immer neuen Informationen konfrontiert, die sich ständig weiterentwickeln."[24]

So ist in der Verbesserung der Funktionen des Portals auch gleichzeitig die sich weiterentwickelnde Informationsgesellschaft zu erkennen. Der Plauderkasten ist dabei ein gutes Beispiel. Diese neuartige Funktion des Schülerverzeichnisses wurde im Oktober 2008 eingeführt und dient als schnellere Alternative zum herkömmlichen Nachrichtendienst. Auch die Tatsache, dass sich 36 Prozent der Befragten zunehmend mit mehr Werbung konfrontiert sehen, zeugt von Merkmalen der Informationsgesellschaft. Mit dem häufiger wechselnden Design gehen vom Schülerverzeichnis Veränderungen aus. Diese Auffassung teilten 24 Prozent der Befragten. Trotz der großen Popularität des Schülerverzeichnisses, sind nur 27 Prozent der Befragten vollkommen damit zufrieden. (siehe Abbildung 11) 45 Prozent störte das Design. 29 Prozent wollten Maßnahmen ergreifen, um die eigene Sicherheit zu gewährleisten. Fünfzehn Prozent sahen dabei die oberste Priorität in der Verbesserung der Privatsphäre. Elf Prozent hielten es für notwendig, die Beitrittsbestimmungen zu verschärfen und weitere drei Prozent wollten den Verhaltenskodex verbessern.

Sieben Prozent hatten andere Vorstellungen. Diese bestanden unter anderem darin, den Quelltext der Seite zu verbessern, um mehr Sicherheit zu garantieren. Andererseits sollte auch eine Informationserweiterung im Schülerverzeichnis stattfinden. So kamen Gedanken auf, das Schülerverzeichnis mit dem Studiverzeichnis zusammenzulegen. Ebenso wurden neue Funktionen vorgeschlagen, wie beispielsweise das Hochladen von Videos oder das

---

[23] http://soziologie.soz.uni-linz.ac.at/sozthe/freitour/FreiTour-Wiki/Wertewandel.htm (05.09.2009)
[24] Gebauer, Dietmar u.a.: Soziale Strukturen in der Bundesrepublik Deutschland, Bayerischer Schulbuch – Verlag München, 1994, S. 159

Empfangen von Nachrichten aus der Politik. Neben den bisher erwähnten Veränderungen, ist noch ein weiterer Trend zu erkennen. (siehe Abbildung 10) 35 Prozent aller Befragten gaben an, dass vor allem die Fakeaccounts zugenommen haben. Unter Fakeaccounts versteht man Profile, die eine falscher Identität vorzutäuschen. Meist werden hierbei vor allem Prominente kopiert, um anderen vorzuspielen, dass sich diese im Schülerverzeichnis angemeldet hätten. Elf Prozent gaben an, dass hier mehr gemobbt wird und sechs Prozent wiesen auf neue Gefahren hin. Ein unerwartet hoher Prozentsatz von sieben Prozent plädierte dafür, dass jenes soziale Netzwerk privater geworden wäre. Dies macht keinen Löwenanteil aus, aber immerhin sind es 16 von 256 Befragten. Allerdings kann dieses Ergebnis auch auf mangelnde Kenntnis der Nutzer zurückgeführt werden. Die möglichen Gefahren werden dabei außer Acht gelassen.

Abschließend muss gesagt werden, dass auch das Schülerverzeichnis einem sozialen Wandel unterliegt und sich somit stetig verändert.

Literaturverzeichnis

Internetquellen (aufgerufen am 01.10.2009):

http://www.presseecho.de/kultur%20&%20unterhaltung/PB222669.htm

http://www.netzeitung.de/internet/1215119.html

http://www.schuelervz.net/l/schueler/2/

http://www.eltern.de/pubertaet/erziehung-und-entwicklung/schuelervz.html

http://www.eltern.de/pubertaet/erziehung-und-entwicklung/schuelervz.html

http://www.muensterschezeitung.de/lokales/rhlo/Rheine;art994,426137

http://www.zeit.de/online/2008/49/medien-jugendliche-jim

http://www.blogmanufaktur.de/2008/05/13/hitlern-im-schuelervz-i-am-not-amused/

http://www.stern.de/panorama/:Online-Netzwerk-Vater-Sch%FClerVZ/595062.html

http://www.rp-online.de/public/article/leverkusen/636677/Ueber-die-Gefahren-von-SchuelerVZ.html

http://www.abendblatt.de/region/stormarn/article163660/Jeder-fuenfte-Jugendliche-ist-Opfer-im-Internet.html

http://www.zepf.uni-landau.de/index.php?id=280&type=1&no_cache=1&file=840&uid=340

Bücherquellen:

Eickelpasch, Rolf, Geisen, Richard (Hrsg.): Grundwissen Soziologie, Ausgangsfragen, Schlüsselthemen, Herausforderungen, Ernst Klett – Verlag, Stuttgart, 1999, Auflage 1

Gebauer, Dietmar u.a.: Soziale Strukturen in der Bundesrepublik Deutschland, Bayerischer Schulbuch – Verlag München, 1994, Auflage 1

Hillmann, Karl – Heinz : Wörterbuch der Soziologie, Alfred Kröner Verlag, Stuttgart, 2007, Auflage 5

Scherr, Albert: Jugendsoziologie, Einführung in Grundlagen und Theorien, VS Verlag für Sozialwissenschaften, Wiesbaden, 2009, Auflage 9

BEI GRIN MACHT SICH IHR
WISSEN BEZAHLT

- Wir veröffentlichen Ihre Hausarbeit,
  Bachelor- und Masterarbeit

- Ihr eigenes eBook und Buch -
  weltweit in allen wichtigen Shops

- Verdienen Sie an jedem Verkauf

Jetzt bei www.GRIN.com hochladen
und kostenlos publizieren